Nordrhein-Westfälische Akademie der Wissenschaften

Natur-, Ingenieur- und Wirtschaftswissenschaften Vorträge · N 437

Herausgegeben von der
Nordrhein-Westfälischen Akademie der Wissenschaften

URS SCHWEIZER

Der dritte Hauptsatz der Wohlfahrtstheorie

HELMUT LÜTKEPOHL

Stabilität der Geldnachfrage in der Bundesrepublik Deutschland

Springer Fachmedien Wiesbaden GmbH

420. Sitzung am 5. Juni 1996 in Düsseldorf (Vortrag Schweizer)
425. Sitzung am 8. Januar 1997 in Düsseldorf (Vortrag Lütkepohl)

Die Deutsche Bibliothek – CIP-Einheitsaufnahme

Schweizer, Urs:
Der dritte Hauptsatz der Wohlfahrtstheorie / Urs Schweizer.
Stabilität der Geldnachfrage in der Bundesrepublik Deutschland /
Helmut Lütkepohl. [Hrsg. von der Nordrhein-Westfälischen
Akademie der Wissenschaften]. – Opladen: Westdt. Verl., 1998
(Vorträge / Nordrhein-Westfälische Akademie der Wissenschaften:
Natur-, Ingenieur- und Wirtschaftswissenschaften; N 437)

ISBN 978-3-531-08437-4 ISBN 978-3-322-85284-7 (eBook)
DOI 10.1007/978-3-322-85284-7

Ursprünglich erschienen bei Westdeutscher Verlag GmbH, Opladen/Wiesbaden, 1998

Der Westdeutsche Verlag ist ein Unternehmen der Bertelsmann Fachinformation GmbH.

Gedruckt auf säurefreiem Papier.
Herstellung: Westdeutscher Verlag

Inhalt

Der dritte Hauptsatz der Wohlfahrtstheorie

von *Urs Schweizer*, Bonn

Wenn Sie einem Ökonomen eine präzise Frage stellen, so gibt es bekanntlich zwei mögliche Reaktionen. Entweder drängt er Ihnen eine eindeutige Antwort auf. Dann dürfte diese Antwort in der Regel auf einer vorgefaßten politischen Weltanschauung beruhen. Oder er bemüht sich um eine sorgfältige Analyse der Fragestellung. Dann wird seine Schlußfolgerung sein: „Es kommt darauf an ...“! Der Grund für solchermaßen uneindeutige Antworten ist in der Methode, nach der die Ökonomen vorgehen, zu suchen. Bei der Analyse einer Fragestellung wird in einem ersten Schritt versucht, die überaus komplexe Realität in einem stark vereinfachenden Modell näherungsweise zu erfassen. Bei dieser Abbildung der Realität spielt die Intuition eine wesentliche Rolle. Wissenschaftlich saubere Kriterien, welche die angemessene Modellbildung festlegen würden, sind bisher kaum praktikabel. Der erste Schritt wird deshalb überwiegend argumentativ vorgenommen. In einem zweiten Schritt geht es dann darum, die Ausgangsfragestellung im gewählten Modellrahmen zu analysieren. Diese Analyse erfolgt, wenn denn das Modell vorher mit formaler Genauigkeit beschrieben worden ist, nach den rigorosen Regeln der mathematischen Beweisführung. Dabei stellt sich dann allerdings fast immer heraus, daß die Antwort selbst im Rahmen des gewählten Modells noch von speziellen Parameterwerten abhängt. Wenn es sich bei diesen Werten um unbeobachtbare Größen handelt, so ist eine uneindeutige Antwort die zwingende Konsequenz. Hinzu kommt, daß die Antwort zusätzlich vom intuitiv gewählten Modellrahmen abhängen mag, so daß hier eine zweite Quelle für Uneindeutigkeit vorhanden ist.

Wenn ich in meinem Vortrag von einigen wenigen Lehrsätzen der Volkswirtschaftslehre sprechen will, die generelle, d. h. von speziellen Parameterwerten unabhängige Aussagen zu machen vermögen, so konzentriere ich mich dabei notgedrungen auf jenen zweiten Schritt. Denn über den ersten Schritt, nämlich die Kriterien der Modellbildung, habe ich leider keine zählbaren Ergebnisse vorzuweisen. Hier muß mein Trost sein, daß ich mich in guter Gesellschaft befinde, wenn Sie denn bereit sind, meine Fachkollegen als solche zu bezeichnen.

Eine zentrale Frage, welche angesichts der gegenwärtig laufenden Transformationsprozesse in verschiedenen Staaten dieser Welt, insbesondere natürlich in Mittel- und Osteuropa, an Bedeutung noch gewonnen hat, betrifft die angeblichen Vorzüge der Marktwirtschaft gegenüber anderen Wirtschaftsformen. Die überwiegende Mehrzahl der Wirtschaftswissenschaftler, mich eingeschlossen, vertreten überzeugt die Meinung, daß es diese Vorzüge gibt. Die wirtschaftstheoretische Untermauerung dieser Meinung kann allerdings nicht gerade als üppig bezeichnet werden. In Tat und Wahrheit gibt es in wirtschaftstheoretischen Zeitschriften wesentlich mehr Artikel, welche sich mit dem Thema des Marktversagens beschäftigen, als solche, die das überlegene Funktionieren der Märkte behandeln. Das berühmteste Resultat, welches eine Aussage zugunsten der Marktlösung macht, dürfte der erste Hauptsatz der Wohlfahrtstheorie sein, mit dem wir unsere Studenten im Rahmen von Mikroökonomievorlesungen[1] beglücken. Lassen Sie mich diesen ersten Hauptsatz kurz vortragen. Ich beschränke mich aus Zeitgründen auf den einfachen Fall einer Tauschökonomie, wo sich das Allokationsproblem auf das Verteilen von bereits vorhandenen Gütern auf die Bevölkerung beschränkt.

Wir denken uns diese Bevölkerung aufgeteilt in verschiedene Typen $i = 1,..,I$. Es gebe insgesamt N_i Individuen vom Typ i, so daß die Gesamtbevölkerung $N_1+\ldots+N_I$ ist. Der Besitzanspruch an den vorhandenen Gütern sei so, daß jedes Individuum vom Typ i zunächst über ein Bündel e_i verfüge. Wenn es K verschiedene Güter gibt, so kann dieses Bündel als Element eines K-dimensionalen Vektorraumes verstanden werden. Die Komponenten bezeichnen dabei die Menge des zugehörigen Gutes. Typischerweise entspricht aber dieses Bündel – wir wollen es die Erstausstattung nennen – nicht den Konsumwünschen seines Besitzers, so daß ein Tauschproblem entsteht, welches der Markt nach theoretischen Vorstellungen wie folgt lösen würde:

Die Preise für die verschiedenen Güter werden durch einen Preisvektor p, der ebenfalls K Komponenten aufweist, beschrieben. Ein Individuum vom Typ i kann sich ein Konsumbündel x_i leisten, sofern dieses die Budgetbeschränkung

$$px_i = pe_i \tag{1}$$

erfüllt[2]. Die subjektive Wertvorstellung bezüglich des Konsums wollen wir

[1] Für eine moderne Darstellung der beiden Hauptsätze sei auf das neue Lehrbuch von A. Mas-Colell, M.D. Whinston and J.R. Green, "Microeconomic Theory" (Oxford University Press, 1995) verwiesen.

[2] Hier und im folgenden ist das Produkt eines Preisvektors mit einem Güterbündel als Skalarprodukt zwischen Vektoren zu verstehen.

traditionsgemäß durch eine sogenannte Nutzenfunktion darstellen, deren Argumente die denkbaren Konsumgüterbündel sind. Ein rationales Individuum wird nun in höchst eigensüchtiger Weise – manche reden von der Ellenbogengesellschaft – seinen Nutzen $U_i(x_i)$ allerdings unter Einhaltung der Budgetbeschränkung (1) maximieren. Aus dem Ergebnis bilden sich Angebot und Nachfrage auf den Gütermärkten. Der Marktmechanismus – so die Vorstellung – wird nun jene Preise herbeiführen, die Angebot und Nachfrage auf allen Gütermärkten ausgleichen. Der erste Hauptsatz weist in stringenter Weise nach, daß die resultierende Allokation trotz Ellenbogengesellschaftsmentalität – jeder trachtet nur nach seinem persönlichen Nutzen – eine erstaunliche gesamtwirtschaftliche Effizienzeigenschaft besitzt. Es kann keine andere Verteilung der Güter geben, bei der jedes Individuum ein gegenüber der Marktlösung höheres Nutzenniveau erlangt. Oder in der Sprache der Ökonomen ausgedrückt: Die Marktlösung ist Pareto-effizient. Dies ist der erste Hauptsatz der Wohlfahrtstheorie. Er beschreibt die grundsätzlichen Vorzüge der Marktlösung in einfacher und einprägsamer Weise.

Es gibt offensichtlich viele Allokationen, die Pareto-effizient sind. Der Marktmechanismus wählt implizit eine davon aus. Der zweite Hauptsatz der Wohlfahrtstheorie beschreibt die institutionelle Realisierung der übrigen Pareto-effizienten Allokationen. Ich will Ihnen diesen zweiten Hauptsatz unter Verwendung eines dualen Effizienzbegriffs darstellen. Diese Darstellung erweist sich als nützlich, auch wenn sie weniger gebräuchlich ist. Ich denke mir die zu erreichenden Nutzenniveaus exogen vorgegeben und maximiere dagegen den Überschuß, den ich der Ökonomie entnehmen könnte. Die formale Definition der Überschußfunktion lautet:

$$S(p,N_1,\ldots,N_I,u_1^0,\ldots,u_I^0) = \mathrm{Max}_x\ p \sum N_i(e_i-x_i)$$

unter den Nebenbedingungen

$$U_i(x_i) = u_i^0\ (i=1,\ldots,I). \tag{2}$$

Lösungen solcher Optimierungsprobleme bezeichne ich in Verallgemeinerung des herkömmlichen Begriffs ebenfalls als effiziente Allokationen. Was nun die institutionelle Realisierung von effizienten Allokationen betrifft, so findet man einen nützlichen Hinweis, wenn man die Bedingungen erster Ordnung des obigen Lagrange-Problems hinschreibt. Sei also μ_i der der Nebenbedingung (2) zugehörige Lagrange-Multiplikator. Dann lauten die Bedingungen erster Ordnung:

$$N_i\ p = \mu_i \ \mathrm{grad}\ U_i \quad (i=1,\ldots,I).$$

Die Grenzraten der Substitution müssen wie beim herkömmlichen Effizienzbegriff gleich den Preisverhältnissen sein. Die Finanzierung des Überschusses und die eventuelle Umverteilung erfordert die Erhebung einer Steuer

$$t_i = p(e_i - x_i) \tag{3}$$

in Höhe der Differenz des Wertes der Erstausstattung und des Konsums. Nach Einführung dieser Steuer kann die Konsumentscheidung wiederum dezentral erfolgen, maximieren doch die Individuen aufgrund der geltenden Bedingungen erster Ordnung ihren Nutzen über die um die Steuer modifizierte Budgetmenge (3). Dies ist in groben Zügen der Inhalt des zweiten Hauptsatzes der Wohlfahrtstheorie. Er beschreibt die institutionelle Realisierung beliebiger effizienter Allokationen.

Einen dritten Hauptsatz werden Sie in der bisherigen Literatur vergeblich suchen. Ich möchte Ihnen heute aber zeigen, daß mehrere zum Teil bekannte, zum Teil aber auch ganz neue Resultate von zunächst unterschiedlicher Natur alle auf einem einheitlichen Prinzip beruhen. Ich werde Ihnen dieses Prinzip herausarbeiten, um dann den Vorschlag zu begründen, dieses Prinzip als den dritten Hauptsatz der Wohlfahrtstheorie zu bezeichnen.

Das Prinzip hinter dem dritten Hauptsatz besteht darin, daß der marginale Beitrag eines Individuums zum gesamtwirtschaftlichen Überschuß durch die Instrumente der institutionellen Realisierung ausgedrückt werden kann. Im Fall einer reinen Tauschökonomie ist dies in folgender, besonders einfachen Weise möglich:

$$\partial S/\partial N_i = p(e_i - x_i) = t_i. \tag{4}$$

Die Steuer als Bestandteil der institutionellen Realisierung läßt sich als Ableitung der Überschußfunktion deuten. Es ist diese Deutungsmöglichkeit, welche den Vorteil der dualen Betrachtungsweise ausmacht. Das Prinzip selbst ist unmittelbar einleuchtend, läßt sich aber auch formal exakt beweisen.

Von besonderem Interesse sind effiziente Allokationen, bei denen die Zusammensetzung der Bevölkerung gerade so ist, daß alle diese partiellen Ableitungen verschwinden. Es sind dies Allokationen, welche über die Pareto-Effizienz hinaus die Bedingung erfüllen, daß der Nutzen der Individuen nicht einmal dann steigen kann, wenn man eine andere Bevölkerungsstruktur in Betracht ziehen würde. Bei einem gesamtwirtschaftlichen Allokationsproblem läßt sich zwar diese Bevölkerungsstruktur nicht so einfach verändern. Es gibt aber durchaus Probleme – die Ökonomen nennen sie anschaulich Clubprobleme –, wo die Anzahl der betroffenen Individuen durchaus als variabel anzusehen ist. Wenn sich Individuen zu einem Club vereinigen, um beispielsweise eine gemeinsame Sportanlage zu betreiben, so können sie sich auf die angestrebte maximale Mitgliederzahl verständigen. Auch aus Sicht einzelner Gemeinden und Gebietskörperschaften präsentiert sich die Einwohnerzahl nicht als fest vorgegebene Größe. Die Vorteile des föderativen Staatsaufbaus werden geradezu damit begründet, daß dieser einen Wettbewerb zwischen den Gebietskörperschaften um Einwohner und Firmen ermöglicht, dem eine ähnlich sinnvolle Allokationsfunktion zugeschrieben wird, wie sie gemäß Vorstellungen des ersten Hauptsatzes den Märken zukommt. Jedenfalls will ich eine Allokation als clubeffizient bezeichnen, wenn sich der Grad der Effizienz – gemessen an der Überschußfunktion – auch durch eine Variation der Bevölkerungsstruktur nicht mehr steigern läßt.

Der Dritte Hauptsatz besagt, daß das Erheben einer Steuer der genannten Art mit Clubeffizienz nicht verträglich ist. Wird diese Steuer dennoch erhoben, so kann die resultierende Allokation nicht clubeffizient sein. Wenn aber eine Gebietskörperschaft der Clubeffizienz Rechnung tragen soll und wenn sie deshalb keine individuellen Steuern erheben kann, so bleibt die Besteuerung der Bodenrente als einzige Möglichkeit, die öffentlichen Aufgaben der Gebietskörperschaft zu finanzieren. Diese Erkenntnis ist in der Literatur als Henry George Theorem bekannt. Das Theorem läßt sich wie angedeutet aus dem dritten Hauptsatz ableiten.

Auch ein damit eng verwandtes Resultat der Gleichgewichtstheorie ergibt sich ebenfalls als unmittelbare Konsequenz aus dem Prinzip des dritten Hauptsatzes. Es ist dies die Begründung des Marktgleichgewichts im Rahmen der Theorie kooperativer Spiele. Gegeben sei eine Allokation unserer Tauschökonomie. Eine Koalition von Individuen vermag diese Allokation durch geschickte Aufteilung der Gütermenge, über die diese Koalition gemeinsam verfügt, auf die Mitglieder der Koalition zu blockieren, wenn dadurch das Nutzenniveau aller Koalitionsmitglieder gegenüber der Ausgangsallokation steigt. Da sich eine solchermaßen blockierende Koalition gegenüber der Ausgangsallokation aus eigenem Vermögen verbessern kann, wird sie sich der Aufteilung der Konsumgüter gemäß der Ausgangsallokation verweigern. Eine Allokation hingegen, welche von überhaupt keiner Koalition blockiert werden kann, weist eine im Sinne der kooperativen Spieltheorie wünschenswerte Stabilitätseigenschaft auf. Es ist nun ein berühmtes Resultat der Gleichgewichtstheorie[3], daß es genau die aus dem Marktgleichgewicht ohne vor-

[3] Herr Kollege Hildenbrand, Mitglied dieser Akademie, hat hierzu wesentliche Beiträge geliefert und das Thema in seinem Buch W. Hildenbrand, "Core and Equilibria of a Large Economy" (Princeton University Press, 1974) abschließend behandelt.

herige Umverteilung resultierende Allokation ist, welche diese Stabilitätseigenschaft aufweist. Diese kooperative Charakterisierung des Marktgleichgewichts trägt zwar wenig zu dessen institutioneller Realisierung bei. Das Resultat ist aber dennoch bemerkenswert. Im übrigen gibt es zwischen dem Konzept der Stabilität im Sinne der kooperativen Spieltheorie und dem der Clubeffizienz eine simple Beziehung, so daß auch das eben besprochene Resultat der Gleichgewichtstheorie unmittelbar aus dem dritten Hauptsatz der Wohlfahrtstheorie folgt.

Bis hierher hätte ich diesen Vortrag auch schon vor über zwölf Jahren halten können[4]. In der Zwischenzeit bin ich allerdings auf eine völlig neuartige Anwendungsmöglichkeit für das Prinzip des dritten Hauptsatzes gestoßen. Und dieser Anwendung möchte ich mich im Hauptteil meines Vortrags zuwenden.

Aufgrund beschränkten Wirtschaftswachstums und der steigenden Rentnerzahlen wird die Alterssicherung in Zukunft zum erstrangigen politischen Problem avancieren. Das Verhältnis zwischen Rentnern und Erwerbsbevölkerung verschiebt sich zu ungunsten der letzteren, das bedeutet höhere Soziallasten für die aktive Generation. Bei langfristiger Betrachtungsweise ist allerdings die demographische Entwicklung nicht exogen vorgegeben. Und wenn wir dabei sind, das Kindergeld zu erhöhen, so soll nicht nur ein als gerecht empfundener Familienlastenausgleich stattfinden, sondern es wird damit auch die Hoffnung verknüpft, daß sich die Anzahl der Kinder erhöhen wird. In diesem Sinn kann die demographische Struktur durch finanzielle Anreize beeinflußt werden, so daß langfristig gesehen das Problem der Alterssicherung gewisse Merkmale eines Clubproblems aufweist. Es stellt sicherlich eine interessante Aufgabe dar, die Struktur dieses Problems aufzuzeigen und die Konsequenzen des dritten Hauptsatzes für dieses spezielle Problem zu erörtern[5].

Das Paradigma, welches die Ökonomen für Fragen der angesprochenen Art üblicherweise verwenden, ist das Modell überlappender Generationen. Wenn es um Kindergeld, aktive Bevölkerung und Alterssicherung gehen soll, ist dabei ein mindestens dreiperiodiges Modell erforderlich. Je nach Lebensphase sprechen wir von Kindern, Erwerbstätigen oder Rentnern, wobei diese drei Phasen des Lebenszyklus sukzessive durchlaufen werden. Die Bevölkerung denken wir uns wiederum in Klassen unterschiedlicher Typen aufgeteilt. Mit

[4] Zum Begriff der Clubeffizienz darf ich auf meinen Artikel U. Schweizer, "Efficient exchange with a variable number of consumers" (Econometrica 51, 1983, 575–584) verweisen.

[5] Die nun folgenden Ausführungen beruhen auf den folgenden zwei Arbeiten: U. Schweizer, "Endogenous fertility and the Henry Georg Theorem" (Journal of Public Economics 61, 1996, 209–228) und U. Schweizer, "Welfare economics of population growth", SFB 303-Diskussionsbeitrag A-535, Oktober 1996, Universität Bonn.

N_{it} bezeichnen wir die Anzahl der Erwerbstätigen vom Typ i in Periode t. Dann ist $N_{i,t-1}$ die Anzahl der Erwerbstätigen vom Typ i in der Vorperiode t–1, und damit auch die Anzahl der Rentner dieses Typs in Periode t. Entsprechend ist $N_{i,t+1}$ die Anzahl der Erwerbstätigen vom Typ i in Periode t+1, d. h. die Anzahl der Kinder dieses Typs in Periode t.

Der Einfachheit halber werde ich mich im folgenden zunächst wiederum auf den Fall reiner Tauschökonomien beschränken. Das schließt die Möglichkeit der Kapitalakkumulation aus, so daß nur das Umlageverfahren, nicht aber das Kapitaldeckungsverfahren thematisiert werden kann. Der dritte Hauptsatz und damit das Hauptergebnis lassen sich aber ohne besondere Schwierigkeiten auf Modelle mit Kapitalakkumulation verallgemeinern. Ich werde darauf am Schluß meines Vortrags zu sprechen kommen. Mit e_i, einem K-dimensionalen Gütervektor, bezeichnen wir die Erstausstattung, über die ein Erwerbstätiger vom Typ i verfügt. Kinder steuern annahmegemäß noch nichts bei, während wir die Erstausstattung von Rentnern mit f_i bezeichnen. Der Fall, daß auch diese nichts mehr beitragen, d. h. $f_i = 0$, ist in der gewählten Formulierung mitenthalten. Der Konsum eines Erwerbstätigen, bzw. eines Rentners, bzw. eines Kindes vom Typ i in Periode t wird mit x_{it}, bzw. y_{it}, bzw. z_{it} bezeichnet. Auch Konsumbündel werden als K-dimensionale Vektoren aufgefaßt. Der Gesamtkonsum muß durch die insgesamt vorhandene Erstausstattung abgedeckt werden, d. h. die Knappheitsbedingung

$$\sum N_{it} (e_i - x_{it}) + \sum N_{i,t-1} (f_i - y_{it}) - \sum N_{i,t+1} z_{it} = 0$$

ist einzuhalten. Der Konsumstrom eines Individuums, möglicherweise unter Einbeziehung des Konsums seiner Nachkommen und deren Anzahl, wird in nun schon gewohnter Weise mit Hilfe einer Nutzenfunktion

$$U_i = U_i(x_{it}, N_{i,t+1} / N_{it}, \ldots)$$

subjektiv bewertet.

Die Knappheitsbedingung allein legt natürlich die dynamische Entwicklung des Systems in keiner Weise fest. Die Konvergenzfrage soll auch gar nicht weiter thematisiert werden. Wir unterstellen jedoch, daß das System der Tendenz nach gegen einen stationären Zustand strebt. Dies bedeutet, daß langfristig gesehen der Konsum

$$x_{it} \equiv x_i, \; y_{it} \equiv y_i, \; z_{it} \equiv z_i$$

zeitunabhängig ist und daß sich alle Bevölkerungsklassen

$$N_{it} = n^t N_i$$

mit einem konstanten Wachstumsfaktor n vermehren, wobei der Fall einer konstanten Gesellschaft (n=1) und der einer schrumpfenden Bevölkerung (n < 1) als Spezialfall mit erfaßt werden. Die Knappheitsbedingung vereinfacht sich im Fall stationärer Entwicklung zu

$$n \sum N_i(e_i - x_i) + \sum N_i(f_i - y_i) - n^2 \sum N_i z_i = 0.$$

Wenn wir uns jetzt der Effizienzanalyse zuwenden, so wählen wir wiederum den dualen Zugang, der auf die Überschußfunktion zurückgreift. Gegeben sei ein Preisvektor p, ein Wachstumsfaktor n, eine Nutzenverteilung $u_i^0 = (u_1^0,\ldots,u_I^0)$ und weitere Modellparameter. Dann ist die Überschußfunktion[6] wie folgt definiert:

$$S(p,n,u^0,\ldots) = \mathrm{Max}_x\ p \sum N_i(e_i - x_i) + p \sum N_i(f_i - y_i)/n - np \sum N_i z_i$$

unter den Nebenbedingungen

$$U_i(x_i,n,\ldots) = u_i^0 \ (i=1,\ldots,I).$$

Der Effizienzbegriff ist dabei ein eingeschränkter, denn maximiert wird ausschließlich bezüglich des Konsums $x = (x_1,\ldots,x_I)$ der Erwerbstätigen, während der Konsum der Kinder und der Rentner als exogen vorgegeben eingeht. Der im folgenden herzuleitende dritte Hauptsatz gilt zwar insbesondere auch dann, wenn der Konsum y und z der Rentner und der Kinder ebenfalls in effizienter Weise gewählt wird. Er behält aber seine Gültigkeit darüber hinaus bei ineffizienter Wahl von y und z.

Eine vorläufige Version des dritten Hauptsatzes ergibt sich, wenn man die Bedingungen erster Ordnung des hinter der Überschußfunktion stehenden Lagrange-Problems betrachtet. Sie lauten

$$N_i\, p = \mu_i\, \mathrm{grad}_x\, U_i(x_i,\ldots) \ (i=1,\ldots,I). \tag{5}$$

Daraus errechnet sich für die Ableitung der Überschußfunktion nach dem Wachstumsfaktor unter Verwendung der Lagrange-Multiplikatoren μ_i die folgende Beziehung:

6 Hierbei ist zu beachten, daß der Überschuß in stationären Zuständen ebenfalls mit Faktor n zu wachsen hat.

$$\partial S/\partial n = -(p/n^2) \sum N_i(f_i - y_i) - p \sum N_i z_i + \sum \mu_i \, \partial U_i/\partial n. \tag{6}$$

In dieser Form ist der dritte Hauptsatz allerdings noch wenig aussagekräftig, kommen doch auf der rechten Seite Größen wie Lagrange-Multiplikatoren und Grenznutzen vor, die sich nicht beobachten lassen. Um zu einer endgültigen Form des dritten Hauptsatzes zu gelangen, müssen wir die auch schon für sich interessante Frage nach der institutionellen Realisierbarkeit behandeln. Es stellt sich heraus, daß ein Umlageverfahren mit den folgenden Bestandteilen das Gewünschte zu leisten vermag. Die Erwerbstätigen haben eine typenabhängige Abgabe t_i zu entrichten. Ihnen wird allerdings eine kinderbezogene Unterstützung in Höhe von a_i pro Kind gewährt. Die Rentner schließlich erhalten eine typenabhängige Rente b_i. Ein solches Umlageverfahren bedeutet, daß die Budgetrestriktion eines Erwerbstätigen vom Typ i die folgende Gestalt annimmt:

$$p\, x_i + n\, p\, z_i = p\, e_i + n\, a_i - t_i. \tag{7}$$

Ferner muß der Konsum eines Rentners vom Typ i aus seiner Erstausstattung vermehrt um die ihm zustehende Rente finanzierbar sein, d. h. es muß

$$p\, y_i = p\, f_i + b_i$$

gelten. Verwendet man diese beiden Budgetrestriktionen, so läßt sich der Überschuß als Summe aller Beiträge, vermindert um die kinderbezogene Unterstützung und die Renten, wie folgt darstellen:

$$S = \sum N_i(t_i - n a_i - b_i/n).$$

Im folgenden wollen wir unterstellen, daß die Erwerbstätigen nicht nur ihren Konsum x_i, sondern auch die Anzahl n der Kinder nach rationalem Gesichtspunkt wählen. Dies bedeutet, daß sie den Nutzen $U_i(x_i,n,\ldots)$ unter Einhaltung der Budgetrestriktion (7) maximieren. Die optimale Entscheidung ist durch die folgenden Bedingungen erster Ordnung gekennzeichnet:

$$\mathrm{grad}_x\, U_i(x_i,n,\ldots) = \beta_i\, p \tag{8}$$

und

$$\partial U_i/\partial n + \beta_i(a_i - p\, z_i) = 0. \tag{9}$$

Unter Verwendung der Bedingungen (5), (8) und (9) läßt sich nun die vorläufige Version (6) des dritten Hauptsatzes, welche noch unbeobachtbare

Größen enthielt, durch elementare Umformungen in die folgende Gestalt transformieren:

$$\partial S/\partial n = (1/n^2) \sum N_i b_i - \sum N_i a_i. \qquad (10)$$

Die rechte Seite dieser Gleichung ist die Summe aus den Rentenleistungen einer Periode vermindert um die kinderbezogene Unterstützung. Es sind dies Zahlen, die man zumindest näherungsweise dem Sozialbudget entnehmen kann. So werden beispielsweise Leistungen nach Funktionen ausgewiesen. Erhebungsprobleme führen allerdings dazu, daß endgültige Zahlen nur mit einer gewissen zeitlichen Verzögerung publiziert werden. Für 1992 liegen die Daten in endgültiger Form vor. Man müßte allerdings ein ausgewiesener Sozialpolitiker sein, was ich leider nicht bin, um dem Sozialbudget genau jene Posten entnehmen zu können, die kinderabhängig ausbezahlt werden. Es sind dies neben dem Kindergeld insbesondere auch steuerliche Maßnahmen. Unter der Funktion „Ehe und Familie“ werden 1992 insgesamt 130 Mrd. DM ausgewiesen. Davon wäre dann das Ehegattensplitting, welches kinderunabhängig gewährt wird, in Höhe von 30 Mrd. DM abzuziehen, so daß an kinderbezogener Unterstützung maximal 100 Mrd. DM übrig bleiben. Unter der Funktion „Alter und Hinterbliebene“ weist jedoch das Sozialbudget für 1992 die Summe von rund 380 Mrd. DM aus. Mitunter beträgt die Differenz 280 Mrd. DM. Sind diese Zahlen ohnehin schon mit Vorsicht zu genießen, so muß es als geradezu verwegen gelten, sie in den dritten Hauptsatz (10) der Wohlfahrtstheorie einzusetzen, geht die Theorie doch von einem stationären Zustand aus, und von einem solchen sind wir gegenwärtig bekanntlich weit entfernt. Lassen Sie mich es trotzdem tun, um die Bedeutung des dritten Hauptsatzes zu veranschaulichen. Wenn wir den gegenwärtigen Wachstumsfaktor mit n = 1, d. h. mit Nullwachstum der Bevölkerung veranschlagen, so entspricht dies in erster Näherung den empirischen Tatsachen. Unter diesen Umständen besagt der dritte Hauptsatz (10), daß die Ableitung der Überschußfunktion nach dem Wachstumsfaktor auf jährlicher Basis rund 280 Mrd. DM beträgt. Wenn es also gelänge, den Wachstumsfaktor bezogen auf eine Periode im Modell – dies entspricht vielleicht etwa 25 Jahren in der Realität – auf n = 1,1 zu erhöhen, so wäre damit ein jährlicher Effizienzgewinn von rund 28 Mrd. DM zu erzielen. Diese Summe würde immerhin ausreichen, um die Bundeshauptstadt einmal pro Jahr umzuziehen.

Als Theoretiker würde man sich mit einer marginalen Verbesserung natürlich nicht zufrieden geben. Vielmehr würde man danach trachten, den optimalen Wachstumsfaktor zu verwirklichen. Wie groß der wäre, vermag ich parameterfrei nicht zu sagen. Eine notwendige Bedingung würde aber lauten, daß der Überschuß nicht gesteigert werden kann, d. h. daß $\partial S/\partial n = 0$ gelten müßte. Dem dritten Hauptsatz der Wohlfahrtstheorie (10) entnehmen wir, daß dafür die Summe aller kinderbezogenen Unterstützungen gleich den ausbezahlten Renten sein müßte. Es ist dies ein bemerkenswertes Resultat, gilt es doch unabhängig von der Anzahl der unterschiedlichen Haushaltsklassen, der Form der Nutzenfunktionen und der sonstigen Modellparameter. Außerdem folgt es genauso wie das früher erwähnte Henry George Theorem oder das damit verwandte Resultat über die kooperative Charakterisierung eines Marktgleichgewichts aus einem einheitlichen Prinzip. Das Prinzip beruht auf einer Erweiterung des Effizienzbegriffs auf Situationen mit variabler Bevölkerungszahl.

Im letzten Teil meines Vortrags möchte ich nachweisen, daß die bisher vorgenommene Beschränkung auf reine Tauschökonomien ohne großen Aufwand überwunden werden kann. Lassen Sie mich die Idee kurz skizzieren. Wir verwenden wiederum ein Modell überlappender Generationen mit dreiperiodigem Lebenszyklus Kindheit, Erwerbstätigkeit und Rentnertum. Der Einfachheit halber wollen wir von unterschiedlichen Konsumententypen absehen. Dafür spielt jetzt Kapital neben Arbeit als Produktionsfaktor eine wichtige Rolle. Ebenfalls der Einfachheit halber unterstellen wir, daß jeder Erwerbstätige eine Einheit Arbeit unelastisch anbietet. Kinder und Rentner hingegen arbeiten nicht. Wenn in Periode t ein Kapitalstock K_t zum Einsatz gelangt und wenn N_t Erwerbstätige je eine Einheit Arbeit beisteuern, so beträgt das Bruttosozialprodukt dieser Periode $F(K_t,N_t)$. Wie in der klassischen Wachstumstheorie üblich nehmen wir an, daß die gesamtwirtschaftliche Produktionsfunktion F homogen vom Grade 1 ist, so daß alle Größen pro Kopf, d. h. pro Erwerbstätigem ausgedrückt werden können:

$$F(K,N) = N\,F(K/N,1) =: N\,f(K/N).$$

Schließlich nehmen wir an, daß sich der Kapitalstock zur konstanten Rate δ entwertet, so daß die gesamtwirtschaftliche Knappheitsbedingung der Periode t

$$N_t x_t + N_{t+1} z_t + N_{t-1} y_t + K_{t+1} = N_t f(K_t/N_t) + (1-\delta)K_t$$

lautet.

Wiederum müssen wir uns auf die Effizienzanalyse der langen Frist beschränken, nachdem das System einen stationären Zustand erreicht hat. Neben den Konsumgrößen x, y und z und dem Wachstumsfaktor $n = N_{t+1}/N_t$ ist hier auch der Kapitaleinsatz pro Erwerbstätigem $k = K_t/N_t$ zeitunabhängig, so daß die Knappheitsbedingung in vereinfachter Form wie folgt beschrieben werden kann:

$$nx + n^2z + y + n^2k = nf(k) + n(1-\delta)k.$$

Erneut bevorzugen wir bei der Effizienzanalyse die duale Betrachtungsweise. Zu diesem Zweck definieren wir in nun schon gewohnter Weise die Überschußfunktion vermöge des folgenden Lagrange-Problems:

$$S(n,u,\ldots) = \text{Max}_{x,y,k}\,[f(k) - (n+\delta-1)k] - x - nz - y/n$$

unter der Nebenbedingung

$$U(x,y,n,\ldots) = u.$$

Zu einer vorläufigen Version des dritten Hauptsatzes gelangen wir in ebenfalls bereits gewohnter Weise, wenn wir die Lagrange-Bedingungen des obigen Optimierungsproblems, nämlich

$$f'(k) = n + \delta - 1 \text{ und } U_y/U_x = 1/n,$$

beachten. Unter Verwendung dieser Bedingungen läßt sich die Ableitung der Überschußfunktion nach dem Wachstumsfaktor wie folgt berechnen:

$$\partial S/\partial n = -k - z + y/n^2 + U_n/U_x$$

Da in diese Formel eine zunächst unbeobachtbare Grenzrate der Substitution eingeht, dazu eine recht ungewohnte, stellt sie lediglich eine vorläufige Version des dritten Hauptsatzes dar. Das weitere Vorgehen ist aber von unseren früheren Überlegungen her vorgezeichnet. Wir müssen die Frage nach der institutionellen Realisierbarkeit von effizienten Lösungen behandeln. Es stellt sich heraus, daß die kompetitiven Märkte für Kapital und Arbeit durch das bereits bekannte Umlageverfahren zu ergänzen sind. Insbesondere benötigen wir die drei Politikparameter des Beitrags t pro Erwerbstätigem, der kinderbezogenen Unterstützung a pro Kind und der Rente b pro Rentner. Da der Kapital- und der Arbeitsmarkt als kompetitiv angenommen werden, berechnen sich Zinssatz r und Lohnrate w wie folgt:

$$r + \delta = f'(k) \text{ und } w = f(k) - kf'(k).$$

Ein Erwerbstätiger verfügt über ein Budget, in das neben dem Arbeitslohn die kinderbezogene Unterstützung vermindert um die Beitragszahlung eingeht. Aus diesem Budget ist der eigene Konsum sowie der der Kinder zu bestreiten. Auch die Sparrücklagen s sind aus diesem Budget abzudecken, so daß sich folgende Budgetrestriktion ergibt:

$$x + nz + s = w + na - t.$$

Rentner haben ihren Konsum aus den um die Zinsen vermehrten Sparrücklagen und der Rente zu finanzieren, so daß die Beschränkung

$$y = (1+r)\, s + b$$

zu beachten ist. Ein rationaler Erwerbstätiger wird seinen Nutzen U(x,y,n,...) unter Einhaltung der beiden Budgetrestriktionen maximieren. Die Bedingungen erster Ordnung hierfür lauten nach Eliminierung der Lagrange-Multiplikatoren wie folgt:

$$U_y/U_x = 1/(1+r) \text{ und } U_n/U_y = (1+r)(z\text{-}a).$$

Schließlich muß der Kapitalmarkt im Gleichgewicht sein. Dies bedeutet, daß die Sparrücklagen gerade ausreichen, um den Kapitalstock zu finanzieren. Im stationären Zustand erfordert dies, daß $s = nk$ gilt.

Legt man diese institutionelle Realisierung zugrunde, so läßt sich der Überschuß in Analogie zum Fall der reinen Tauschwirtschaft in der Form

$$S = t - na - b/n$$

darstellen. Ebenfalls läßt sich die partielle Ableitung der Überschußfunktion nach dem Wachstumsfaktor in analoger Weise zu

$$\partial S/\partial n = b/n^2 - a$$

berechnen. Es fällt auf, daß diese Ergebnisse identisch mit denjenigen sind, die für den Fall einer reinen Tauschökonomie bei einheitlichem Konsumententyp gelten. Insbesondere stellt es auch hier eine notwendige Bedingung für optimales Bevölkerungswachstum dar, daß die Summe der Altersrenten und der kinderbezogenen Unterstützungszahlungen übereinstimmen. Wird für eine der beiden Gruppen Kinder, bzw. Rentner mehr als für die andere ausgegeben, so lehrt uns unser Resultat, daß das Bevölkerungswachstum nicht optimal sein kann. Dieses Resultat ist insofern parameterfrei, als weder die spezielle Gestalt der Nutzenfunktion noch der Produktionsfunktion eine Rolle spielt.

Der dritte Hauptsatz behält also seine Gültigkeit, auch wenn das Modell um die Möglichkeit der Kapitalakkumulation erweitert wird. Ich darf abschließend noch einmal auf die Bedeutung des Umlageverfahrens hinweisen. Angenommen, es gäbe keine Rentenbezüge aus einem Umlageverfahren, d. h. b = 0, so daß die Altersvorsorge auf rein privater Vorhersorge beruht. In einem geschlossenen System (S = 0) müßte dann der Beitrag t eines Erwerbstätigen gerade ausreichen, um dic kinderbezogene Unterstützung zu finanzieren, d. h. t = na. Kann ein System ohne Renten aus einem Umlageverfahren optimal sein? Wäre die Antwort ja, so sagte uns der dritte Hauptsatz der Wohlfahrtstheorie, daß unter diesen Umständen

$$\partial S/\partial n = -a = 0,$$

d. h. a = 0 und somit auch t = 0 gelten müßte. Sämtliche Komponenten des Umlagesystems wären in diesem Fall entbehrlich. Dies kann, wie eine leichte Rechnung zeigt, nur dann der Fall sein, wenn im Optimum zufällig folgende Beziehung erfüllt ist:

$$U_n/U_y = n\,z. \tag{11}$$

In der Regel wird sie es nicht sein. Nun hat aber Paul Samuelson[7], einer der berühmtesten Ökonomen dieses Jahrhunderts, schon vor über 20 Jahren eine einfache Version des soeben dargestellten Modells untersucht. Obwohl Samuelson Vater mehrerer Kinder ist, ging er davon aus, daß die Anzahl der Kinder nicht in die subjektive Bewertung der Eltern eingeht, so daß also die partielle Ableitung verschwindet, d. h. $U_n \equiv 0$. Als zweite Vereinfachung hat er unterstellt, daß die Kosten, die es verursacht, Kinder aufzuziehen, in erster Näherung vernachlässigt werden können, d. h. er hat z = 0 angenommen, auch wenn diese Annahme seinen persönlichen Erfahrungen widersprechen mußte. Schließlich wird die Geschichte erzählt, daß er angeblich sein auch kommerziell erfolgreiches Lehrbuch schrieb, um die Erziehung eines eben geborenen Zwillingspaares finanziell abzusichern. Dennoch hat er als Theoretiker die vereinfachenden Annahmen gemacht, unter denen die Bedingung (11) trivialerweise erfüllt ist. Samuelson zog aus seinen Berechnungen die folgende Schlußfolgerung: Angenommen, das Wachstum der Bevölkerung hat sich so eingependelt, daß sich die Ökonomie auch ohne staatlich verordnetes Umlageverfahren, d. h. ohne staatlichen Eingriff in das Marktgeschehen, in einem

[7] P.A. Samuleson, "The optimum growth for population" (International Economic Review 16, 1975, 531–538).

stationären Zustand befindet, dann muß das zugrunde liegende Bevölkerungswachstum optimal sein. Trotz endogener Fertilität wäre deshalb das Umlageverfahren entbehrlich. Wir haben aber soeben als Konsequenz aus dem dritten Hauptsatz nachgewiesen, daß dieses Resultat auf der unrealistischen Annahme, Kinder verursachen keine Kosten, beruht. Gibt man diese Annahme auf, so ist die private Altersvorsorge um ein Umlageverfahren zu ergänzen. Lassen Sie mich noch darauf hinweisen, daß Samuelson in seinem Beitrag zu dieser Frage *notwendig* mit *hinreichend* verwechselt hat. Es ist dies ein berühmter Fehler eines berühmten Mannes[8]. Meine duale Betrachtungsweise umgeht dieses Problem insofern, als die Berechnung der Ableitung der Überschußfunktion auf jeden Fall richtig ist. Da aber die Krümmungseigenschaften der Überschußfunktion jedenfalls parameterfrei nicht genügend eingegrenzt werden können, ist das Verschwinden der Ableitung nur notwendig, nicht jedoch hinreichend für optimales Wachstum. Das Konzept der Überschußfunktion erlaubt aber unabhängig von ihren Krümmungseigenschaften und unabhängig davon, ob das optimale Wachstum erreicht ist, die Formulierung eines einheitlichen Prinzips, aus dem sich die unterschiedlichsten Aussagen über Systeme mit endogener Bevölkerung ableiten lassen. Wegen der Universalität dieses Prinzips, von der ich Sie hoffentlich mit meinem Vortrag überzeugt habe, gestatte ich mir, dieses als den dritten Hauptsatz der Wohlfahrtstheorie zu bezeichnen. Ich danke für Ihre Aufmerksamkeit.

[8] Auf diesen Fehler hat A.V. Deardorff, "The optimum growth for population: Comment" (International Economic Review 17, 1976, 510 – 515) hingewiesen.

Stabilität der Geldnachfrage in der Bundesrepublik Deutschland

von *Helmut Lütkepohl*, Berlin

1 Einleitung

Die Bundesbank hat den gesetzlichen Auftrag, den Geldumlauf und die Kreditversorgung der Wirtschaft mit dem Ziel der Sicherung der Währung zu regeln. Da die Bundesbank keinen unmittelbaren Einfluß auf das Preisniveau hat, verwendet sie als Zwischenziel eine Variable, auf die sie Einfluß nehmen kann und die zudem in enger Beziehung zum Preisniveau bzw. der Inflationsrate steht. Seit gut 20 Jahren benutzt sie hierfür ein Geldmengenaggregat. Diese Wahl des Zwischenziels beruht auf von der Quantitätstheorie postulierten Zusammenhängen. Die Quantitätsgleichung besagt, daß der Output einer Ökonomie multipliziert mit dem Preisniveau, also der nominale Output, gleich dem Produkt aus Geldmenge und Umlaufgeschwindigkeit ist. Die Geldmenge steht also in enger Beziehung zum Preisniveau und erscheint in dieser Hinsicht als Zwischenziel geeignet. Ist die Geldmenge jedoch auch von der Bundesbank hinreichend gut kontrollierbar? Vor dem Zusammenbruch des Bretton-Woods-Systems fester Wechselkurse war dies sicher nur in begrenztem Maße der Fall. Mit der Einführung flexibler Wechselkurse Mitte der siebziger Jahre hat sich dies jedoch geändert. Die Bundesbank hat folgerichtig Mitte der siebziger Jahre mit einer Geldmengensteuerung begonnen. Eine Reihe anderer Zentralbanken hat in der Folgezeit ebenfalls eine Politik der Geldmengensteuerung aufgegriffen.

Eine zentrale Frage bei der Exekution einer solchen Politik ist die Abgrenzung des als Zielgröße benutzten Geldmengenaggregats. Issing (1992) gibt einen kurzen Überblick über die bei der Auswahl der Zielgröße zu beachtenden Probleme. Ursprünglich hat sich die Bundesbank an der sogenannten Zentralbankgeldmenge orientiert. In der zweiten Hälfte der achtziger Jahre wurde diese Zielvariable jedoch wegen einer zu starken Gewichtung des Bargeldumlaufs in diesem Aggregat aufgegeben. Seither benutzt die Bundesbank statt dessen die Geldmenge M3.

Wichtige Grundlage für eine an dieser Variablen orientierten Politik der Geldmengensteuerung ist die Existenz einer stabilen Geldnachfragefunktion für M3, die eine Prognose der nachgefragten Geldmenge ermöglicht. Die Geldnachfragerelation stellt den zentralen Transmissionsmechanismus zwischen realem und monetärem Sektor dar. Nur bei Vorliegen einer stabilen Geldnachfragerelation kann von einer verläßlichen Beziehung zwischen monetären Impulsen und der Geldmenge ausgegangen werden. Diese wiederum ist Voraussetzung für eine effektive Geldmengensteuerung. Für eine ausführliche Diskussion dieser Zusammenhänge siehe Issing (1992, 1995).

Somit stellt sich die Frage der Stabilität der Geldnachfrage für M3 in der Bundesrepublik Deutschland. Insbesondere ist zu klären, ob eine stabile Relation auch über ein so einschneidendes Ereignis wie die deutsche Wiedervereinigung hinweg Bestand hat. Verschiedene Studien – auch aus der Bundesbank selbst – kommen zu dem Ergebnis, daß es zwar gewisse Verwerfungen in den kurzfristigen Anpassungsprozessen gegeben hat, daß jedoch eine stabile langfristige Gleichgewichtsrelation über die Wiedervereinigung hinweg existiert (siehe Deutsche Bundesbank (1995), Issing & Tödter (1995), Scharnagl (1996), Kole & Meade (1995) sowie Hansen & Kim (1995)). Im folgenden werde ich über Ergebnisse berichten, die im Rahmen eines mit Herrn Kollegen Wolters gemeinsam geleiteten Teilprojekts des Sonderforschungsbereichs 373 gewonnen wurden (siehe insbesondere Wolters, Teräsvirta & Lütkepohl (1998), Wolters & Lütkepohl (1997), Hubrich (1996)). Zwar sprechen auch unsere Ergebnisse für eine stabile Langfrist-Geldnachfragerelation, es wird sich jedoch zeigen, daß diese anders aussieht als eine kürzlich von Wissenschaftlern der Bundesbank publizierte Gleichung.

Im folgenden sollen kurz die einzelnen Schritte einer ökonometrischen Analyse dargestellt werden. Zunächst wird der hier interessierende funktionale Zusammenhang allgemein dargestellt. Dann erfolgt die Festlegung einer speziellen Funktion, die Auswahl geeigneter Variablen und Daten sowie eine erste Analyse wichtiger Dateneigenschaften, die für eine genaue Spezifikation und Schätzung einer Geldnachfragefunktion von Bedeutung sein können. Nachdem ein Modell geschätzt worden ist, erfolgt die Modellvalidierung, bei der die Qualität des spezifizierten Modells mit Hilfe verschiedener statistischer Diagnoseinstrumente überprüft wird. Schließlich wird noch ein Vergleich mit anderen aus der Literatur bekannten Modellen vorgenommen.

2 *Die Geldnachfragefunktion*

Da Geld als Tauschmittel zur Durchführung von Transaktionen benutzt wird, hängt die Geldnachfrage vom Transaktionsvolumen einer Wirtschaft ab. Ferner könnte die Höhe der Geldhaltung von alternativen Anlagemöglichkeiten und somit von den Opportunitätskosten abhängig sein. Formal ergibt sich also

$$\text{Geldnachfrage} = f\,(\text{Transaktionsvolumen, Opportunitätskosten}),$$

wobei eine Erhöhung des Transaktionsvolumens tendenziell zu einer Ausweitung der Geldnachfrage führen wird, während höhere Opportunitätskosten eine Verringerung der Geldnachfrage erwarten lassen. Für eine empirische Analyse müssen sowohl die Variablen als auch die funktionale Form genauer spezifiziert werden.

Wie bereits einleitend erwähnt, benutzt die Bundesbank derzeit das Geldmengenaggregat M3 als Zwischenzielgröße. Diese Größe setzt sich zusammen aus den Bargeldbeständen, den Sichteinlagen, Spareinlagen mit gesetzlicher Kündigungsfrist und Termingeldern mit Befristung bis unter vier Jahren. Es handelt sich jeweils um die Geldhaltung inländischer Nichtbanken. Die relativen Anteile der einzelnen Komponenten an der Gesamtgröße sind gewissen Schwankungen unterworfen. So machten im Jahr 1988 die Bargeldbestände ca. 12% der Gesamtsumme aus, während auf die Sichteinlagen und Termingelder jeweils rund doppelt soviel entfielen. Entsprechend entfiel der größte Anteil mit gut 40% auf Spareinlagen mit gesetzlicher Kündigungsfrist. Hingegen machten in 1993 die Termin- und Spareinlagen jeweils rund 31%, die Sichteinlagen 27% und die Bargeldbestände ca. 11% aus. Ziel der empirischen Analyse ist es, zunächst eine Nachfragefunktion für M3 zu finden und diese dann auf ihre Stabilität hin zu prüfen.

Als Approximation für das Transaktionsvolumen in der Bundesrepublik Deutschland kommen verschiedene Variablen in Betracht. Naheliegende Kandidaten sind das Bruttosozialprodukt (BSP) und das Bruttoinlandsprodukt (BIP). Da die beiden Reihen sich nur sehr geringfügig unterscheiden, dürfte das Analyseergebnis nicht davon abhängen, welche dieser beiden Variablen gewählt wird. Im folgenden wird das Transaktionsvolumen durch das BSP repräsentiert.

Bei den beiden Variablen M3 und BSP wird jeweils von realen, also preisbereinigten Größen, ausgegangen, wobei als Preisindex der Deflator des BSP gewählt wird. Die Opportunitätskosten werden zum einen durch die Differenz zwischen Eigenverzinsung der Komponenten von M3 und einem Zins für alternative Anlageformen, sowie zum anderen durch die Inflationserwartungen bestimmt. Da für die Komponenten von M3 verschiedene Zinssätze gezahlt werden, wurde als Maß für die Eigenverzinsung ein gewichtetes Mittel konstruiert, wobei sich die Gewichte für die Perioden vor und nach der Wiedervereinigung unterscheiden.[1] Als Alternativzinssatz wird hier die

1 Genaue Angaben zu den Daten und ihren Quellen finden sich in Wolters & Lütkepohl (1997).

Umlaufsrendite, also die Durchschnittsrendite für festverzinsliche Wertpapiere inländischer Emittenten benutzt. Die Inflationserwartungen werden durch die gegenwärtige Inflationsrate approximiert. Damit ergibt sich eine Geldnachfragerelation der Form

$$\mathrm{M3}/P = f\,(\mathrm{BSP}/P,\ R - \mathrm{r},\ \Delta p), \tag{1}$$

wobei P für den Deflator des BSP, R für die Umlaufsrendite, r für die Eigenverzinsung von M3 und Δp für die Inflationsrate steht.

Als funktionale Form wird in der Literatur häufig eine log-lineare Spezifikation gewählt. Diese soll auch hier als Ausgangspunkt dienen, das heißt, es wird von der folgenden ökonomischen Grundrelation für die Geldnachfrage ausgegangen:

$$m_t = \beta_0 + \beta_1 bsp_t + \beta_2(R_t - \mathrm{r}_t) + \beta_3 \Delta p_t, \tag{2}$$

wobei $m_t = \log(\mathrm{M3}_t/P_t)$, $bsp_t = \log(\mathrm{BSP}_t/P_t)$, $p_t = \log(P_t)$, und $\Delta p_t = p_t - p_{t-1}$. Natürlich kann man nicht erwarten, mit einer so einfachen Beziehung die komplexen Abläufe im monetären Sektor einer hochentwickelten Volkswirtschaft vollständig abzubilden. Vielmehr stellt die Gleichung (2) allenfalls die gleichgewichtige Beziehung dar, die sich einstellt, wenn nach einer Störung alle Anpassungsprozesse abgelaufen sind und keine weiteren Impulse von außen auf das System treffen. Auf die genaue Modellierung der Anpassungsprozesse an die Gleichgewichtsrelation wird später noch einzugehen sein. Da die Vorgehensweise bei der Modellierung auch von den Eigenschaften der bei der Analyse benutzten Daten abhängt, sollen diese nun zunächst vorgestellt werden.

3 Die Daten und ihre Eigenschaften

Bei der Auswahl der Daten ist zunächst der Analysezeitraum festzulegen. Da die Bundesbank 1975 zu einer Geldmengensteuerung übergegangen ist, sollte hier auch in etwa der Beginn der Schätzperiode liegen. Um die beim Übergang zu einem anderen Regime auftretende Anpassungsphase aus der Analyse auszuklammern, wurden lediglich Daten ab dem I. Quartal 1976 benutzt. Zum Zeitpunkt des Analysebeginns lagen Daten bis zum II. Quartal 1994 vor, die auch den im folgenden präsentierten Ergebnissen zugrunde liegen. Da das Bruttosozialprodukt nur quartalsweise erhoben wird, wurden für alle Reihen Quartalswerte benutzt. Die Reihen sind nicht saisonbereinigt,

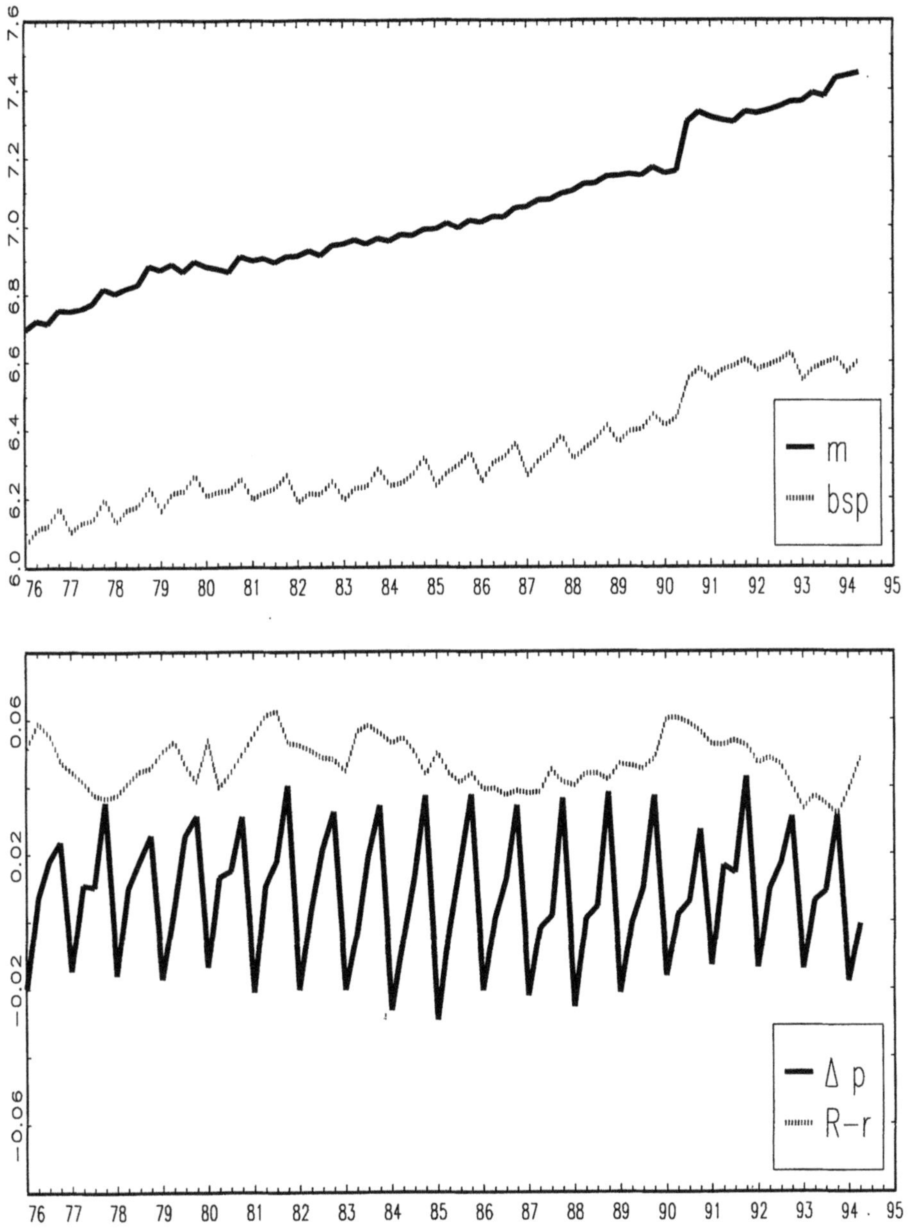

Abb. 1: Analysierte Zeitreihen

um Verzerrungen zu vermeiden, die aufgrund von Bereinigungsverfahren auftreten können.

Eine graphische Darstellung der Reihen findet sich in Abbildung 1. Insbesondere bei der Einkommens- und der Geldmengenreihe fällt ein trendhaftes Ansteigen, eine ausgeprägte Saisonalität sowie ein deutlicher Bruch bei der Wiedervereinigung im Jahre 1990 auf. Zu beachten ist hierbei übrigens, daß die monetäre Wiedervereinigung bereits am 1. Juli 1990 erfolgte, der deutliche Sprung im III. Quartal 1990 also nicht verwunderlich ist. Auffällig ist auch, daß der vereinigungsbedingte Sprung in den beiden Reihen verschiedene Größe hat. Ein ähnlicher Bruch ist in den Inflations- und Zinsreihen nicht zu erkennen. Allerdings zeigt Δp ebenfalls eine ausgeprägte Saisonstruktur. Die folgende Modellbildung muß diesen Eigenschaften der benutzten Reihen Rechnung tragen.

Eine genauere Analyse der Eigenschaften der individuellen Zeitreihen offenbart, daß der Trend in bsp_t und m_t durch Übergang zu den Änderungen beseitigt werden kann. Ebenso erweist sich die Inflationsrate als nichtstationär. Auch für sie läßt sich Stationarität durch Differenzenbildung erreichen. Demgegenüber sind für die Zinsdifferenz kein Trend oder andere Nichtstationaritäten zu beobachten. Diese Grundeigenschaften der beteiligten Zeitreihen legen die Modellierung im Rahmen eines Fehler-Korrektur-Ansatzes nahe, bei dem die Langfrist- oder Gleichgewichtsbeziehung in ein Modell eingebettet wird, in dem auch den transitorischen, kurzfristigen Anpassungsprozessen Rechnung getragen wird. Dieser Modelltyp wird im nächsten Absatz vorgestellt.

4 Ein Fehler-Korrektur-Modell

Ein Fehler-Korrektur-Modell für die vorliegende Fragestellung hat folgende allgemeine Form:

$$\begin{aligned}\Delta m_t = \; & \{\alpha_1 \Delta bsp_t + \alpha_2 \Delta^2 p_t + \alpha_3 (R_t - r_t) \\ & + \alpha_4 \Delta m_{t-1} + \alpha_5 \Delta bsp_{t-1} + \alpha_6 \Delta^2 p_{t-1} + \alpha_7 (R_{t-1} - r_{t-1}) + \ldots\} \\ & - \gamma [m_{t-1} - \beta_1 bsp_{t-1} - \beta_2 \Delta p_{t-1} - \beta_3 S90.3_{t-1}] \\ & + \delta_t + u_t . \end{aligned} \tag{3}$$

Hierbei steht Δ, wie schon bei der Definition der Inflationsrate, für die Änderung einer Variablen von einer Periode zur nächsten. Zum Beispiel bezeichnet $\Delta m_t = m_t - m_{t-1}$ die Veränderung der Variablen m_t. Die Variable $S90.3_t$ nimmt bis zum II. Quartal 1990 den Wert 0 und anschließend den Wert 1 an. Es besteht die Hoffnung, daß eine solche Dummy-Variable bereits ausreicht, um den vereinigungsbedingten Bruch in den Reihen m_t und bsp_t abzufangen. Sollte dies gelingen, so liegt eine Verschiebung der Geldnachfragerelation im Zuge der Wiedervereinigung vor, die keine Auswirkungen auf die Verhaltensparameter des Modells hat und somit dem Einsatz der Gleichung zu Prognosezwecken nicht im Wege steht. In δ_t sind alle deterministischen Größen wie Saisondummies, ein Absolutglied sowie mögliche weitere Dummy-Variablen zusammengefaßt. Schließlich bezeichnet u_t eine stochastische Restgröße, die alle nicht im systematischen Teil des Modells erfaßten Effekte enthält.

Wenn die Variablen in der Gleichung (3) sich nicht mehr ändern, also eine Ruhe- oder Gleichgewichtsstellung erreicht haben, und keine weiteren Impulse auf das System treffen ($u_t = 0$), so gilt in diesem Modell bei Vernachlässigung deterministischer Größen

$$m = \beta_1 bsp + \beta_2 \Delta p + \alpha(R - r),$$

das heißt, in diesem Fall hat sich gerade die vermutete Gleichgewichtsbeziehung eingestellt. Ist das Gleichgewicht noch nicht erreicht, so führen die Abweichungen vom Gleichgewicht zu Änderungen in m_t, was wiederum mögliche Änderungen in den anderen Variablen impliziert. Der Term in eckigen Klammern in Gleichung (3) wird deshalb auch als Fehler-Korrektur-Term bezeichnet. Die Kurzfristdynamik bzw. die Anpassungsprozesse an das Gleichgewicht werden hingegen durch den ersten Teil in der geschweiften Klammer in der Gleichung (3) bestimmt. Über diesen Teil des Modells sagt die ökonomische Theorie in der Regel wenig oder gar nichts aus, so daß eine Spezifikation mit statistischen Hilfsmitteln erfolgen muß.

Die spezielle stochastische Struktur der Zinsdifferenz läßt es sinnvoll erscheinen, mögliche Effekte auch dieser Variablen mit in den Anpassungsprozeß einzubeziehen. Dies folgt aus der Tatsache, daß diese Variable keinen Trend oder sonstige Nichtstationaritäten aufweist und somit Änderungen nur transitorische Effekte haben, während in allen anderen Variablen die hier interessierenden Trends bzw. Nichtstationaritäten erst durch Differenzenbildung beseitigt werden.

Eine genauere Spezifikation einer allgemeinen Gleichung der Form (3) erfordert, daß die in der geschweiften Klammer tatsächlich erforderlichen Terme festgelegt werden. Dies erfolgt mit Hilfe statistischer Tests oder Spezifikationsverfahren. Ebenso werden weitere mögliche Restriktionen auf die Parameter und andere Modellvereinfachungen geprüft. Dieser Prozeß führt schließlich mit Daten für die Periode 1976(I) – 1994(II) zu folgendem Ergebnis (siehe Wolters, Teräsvirta & Lütkepohl (1998)):

$$\begin{aligned}\Delta m_t = {} & -0.18\ \Delta bsp_{t-1} - 1.19\ \Delta^2 p_t - 0.44\ (R_{t-1} - r_{t-1}) \\ & \quad (3.9) \qquad\quad (7.8) \qquad\quad (4.0) \\ & -0.10\ [m_{t-1} - bsp_{t-1} + 14.29\ \Delta p_{t-1} - 0.13 S90.3_{t-1}] \\ & \quad (6.5) \\ & +0.17 - 0.092 d_{1t} - 0.073 d_{2t} - 0.057 d_{3t} + 0.15\ I90.3_t - 0.026\ I92.4_t + \hat{u}_t. \\ & \quad (10.1)(10.1) \quad (8.6) \quad (15.2) \quad (20.7) \qquad (3.8)\end{aligned} \tag{4}$$

Hierbei sind unter den geschätzten Koeffizienten jeweils die Absolutbeträge der t-Quotienten angegeben, die die Signifikanz eines Koeffizienten anzeigen. Grob gesprochen ist ein Koeffizient dann zum 5%-Niveau signifikant, wenn sein t-Wert größer als 2 ist. Bei der vorliegenden Gleichung ist dies bei allen Koeffizienten der Kurzfristdynamik gegeben. In dieser Hinsicht ist das gefundene Modell also recht befriedigend. Die zusätzliche Dummy-Variable $I92.4$ trägt der Einführung der Quellensteuer zum 1. Januar 1993 Rechnung. Sie erwies sich aus statistischen Gründen als sinnvoll, während $I90.3_t = \Delta S90.3_t$ lediglich das Pendant der Stufendummy aus der Langfristbeziehung ist. Die Größen d_{1t}, d_{2t} und d_{3t} repräsentieren Saisondummies, die im ersten, zweiten bzw. dritten Quartal den Wert 1 und in den jeweils anderen Quartalen den Wert 0 annehmen. Sie fangen die nicht durch die anderen Variablen erklärte Restsaisonalität in der abhängigen Variablen Δm_t auf.

Aus der Gleichung (4) ergibt sich die folgende mögliche Gleichgewichtsbeziehung:

$$m = bsp - 4.32(R - r) - 3.57\pi + 0.13S90.3, \tag{5}$$

wobei $\pi = 4\Delta p$ die Jahresinflationsrate darstellt. Die hier auftretenden Koeffizienten sind alle plausibel im Hinblick auf eine Interpretation der Gleichung als Geldnachfragerelation. Eine Einkommenselastizität von 1 ist vor dem Hintergrund der Quantitätstheorie sinnvoll. Ebenso sind die negativen Koeffizienten der beiden die Opportunitätskosten repräsentierenden Variablen theoriekonform. Die Größe dieser Koeffizienten wird plausibel, wenn man berücksichtigt, daß es sich hierbei nicht um Elastizitäten, sondern um Semielastizitäten handelt, aus denen sich Elastizitäten erst durch Multiplikation mit einem interessierenden Variablenwert ergeben. Multipliziert man beispielsweise die Zinssemielastizität mit 0.04, so ergibt sich hier eine ganz plausible Elastizität von 0.17.

Im nächsten Schritt soll nun geprüft werden, ob das gefundene Modell nicht nur ökonomisch plausibel ist, sondern auch statistischen Überprüfungen standhält. Hierzu seien zunächst die folgenden Ergebnisse von Standardspezifikationstests angeführt, die keinen Hinweis auf mögliche Modellinsuffizienzen enthalten:

$$LM(1) = 0.74\ (0.39),\ LM(4) = 0.21\ (0.93),\ LM(8) = 0.77\ (0.63),$$
$$ARCH(1) = 0.61\ (0.44),\ ARCH(4) = 0.54\ (0.71),\ LJB = 0.19\ (0.91).$$

In Klammern hinter dem Wert der Teststatistik ist jeweils der p-Wert angegeben, also das kleinste Signifikanzniveau, bei dem gerade noch die Nullhypothese verworfen werden kann. LM(k) bezeichnet einen Lagrange-Multiplikator-Test auf Autokorrelation k-ter Ordnung. Alle Autokorrelationstests haben p-Werte, die größer als 0.3 sind und somit kann Residuenautokorrelation in keinem Fall bei Annahme eines üblichen Signifikanzniveaus diagnostiziert werden. Ebenso bieten die ARCH-Tests keinen Hinweis auf bedingte Heteroskedastizität in den Fehlertermen und der Lomnicki-Jarque-Bera-Test (LJB) gibt keine Veranlassung, an der Normalverteilung der Residuen zu zweifeln.

In Abbildung 2 sind ferner rekursive Residuen und die Ergebnisse eines CUSUM-of-squares-Tests graphisch dargestellt. Für einen Zeitpunkt t in der Analyseperiode wird das zugehörige rekursive Residuum durch Schätzung des Modells mit den bis zum Zeitpunkt t vorliegenden Daten gewonnen. Das jeweils zur letzten (der t-ten) Periode gehörige Residuum ist dann das t-te rekursive Residuum. Von rekursiven Residuen spricht man hier, da die Berechnung dieser Größen mit einem rekursiven Algorithmus sehr effizient vorgenommen werden kann. Sieht man einmal von der wegen der sehr geringen Stichprobengröße unsicher geschätzten Anfangsphase ab, so bewegen sich bis auf eine Ausnahme alle rekursiven Residuen in einem Bereich, der auf eine gute Modellqualität hindeutet. Eine Ausnahme liegt lediglich im III. Quartal 1993 vor. Da es sich nur um einen einzelnen Wert handelt, sollte er auf die für eine Geldmengensteuerung wichtige Prognosefähigkeit des Modells keinen Einfluß haben. Jedenfalls bietet er keine Veranlassung, an der Stabilität der Langfristbeziehung zu zweifeln. Eine Schätzung mit einer zusätzlichen Dummy-Variablen zur Beseitigung des außergewöhnlichen Residuums hat in diesem Fall sogar zu annähernd gleichen Schätzwerten für die Verhaltensparameter geführt. Eine Modifikation erscheint deshalb nicht zwingend geboten.

Die kumulierten quadrierten rekursiven Residuen sind gerade die im unteren Teil der Abb. 2 dargestellten 'CUSUMs of squares'. Die Tatsache, daß sie sich zumindest zum Ende der Schätzperiode hin alle in den durch gestrichelte Linien markierten Konfidenzbändern bewegen, spricht ebenfalls für die Stabilität des Modells.

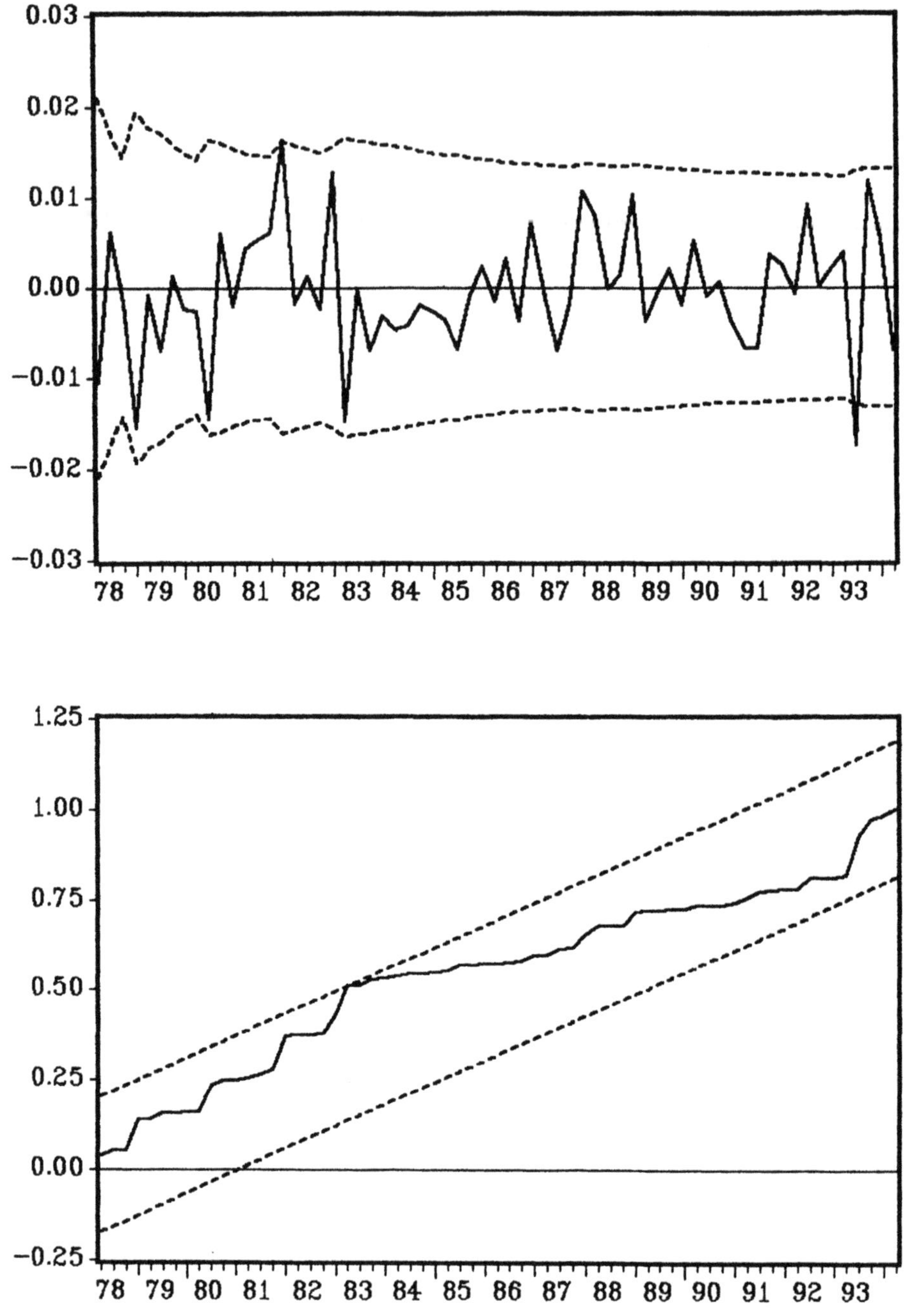

Abb. 2: Rekursive Residuen (oben) und CUSUM-of-squares-Tests (unten)

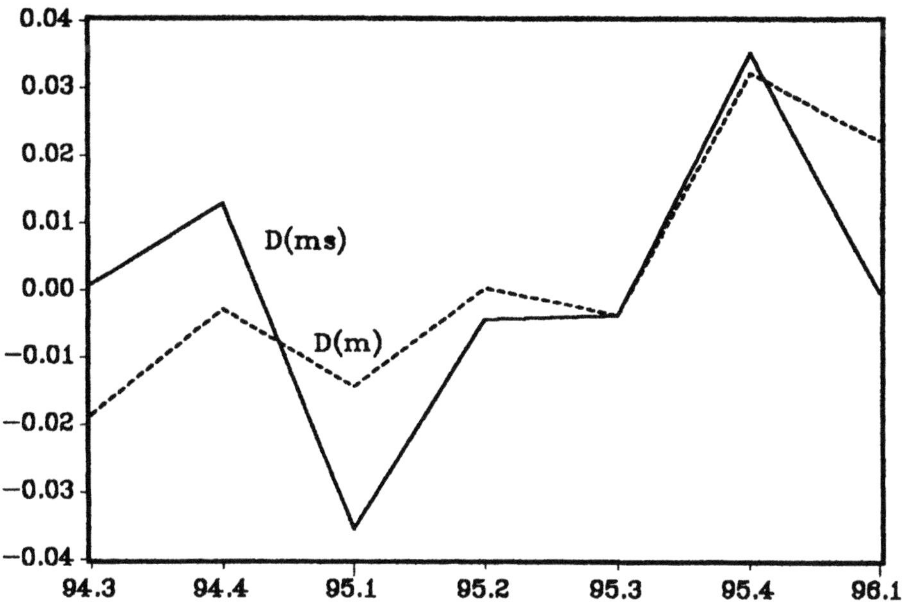

Abb. 3: Prognosen für die Wachstumsraten von M3 (D(m): beobachtete Werte, D(ms): Prognosen)

Die gefundene Relation wurde ferner einer Reihe von weiteren Spezifikationstests unterzogen, die auch für eine stabile Beziehung sprechen. So wurden z. B. die von Granger & Teräsvirta (1993) beschriebenen 'Smooth-Transition-Regression'-Tests auf Instabilität und Nichtlinearität als weitere Diagnoseinstrumente eingesetzt, ohne einen Hinweis auf Probleme dieser Art zu erhalten (siehe Wolters, Teräsvirta & Lütkepohl (1998)).

Da inzwischen bereits Beobachtungen für die auf unsere Analyseperiode folgenden Quartale vorliegen, bietet es sich ferner an, das Modell auf seine Prognosefähigkeit hin zu überprüfen. In Abb. 3 sind die entsprechenden 1-Schritt-Prognosen für die Wachstumsraten von M3 für die Periode 1994(III) – 1996(I) dargestellt. Offensichtlich liefert das Modell zumindest ab dem II. Quartal 1995 sehr präzise Prognosen. Schließlich sei noch erwähnt, daß eine erneute Schätzung unseres Modells mit den Daten bis 1996(I) unter Berücksichtigung einer Dummy-Variablen für das III. Quartal 1993 zu sehr ähnlichen Ergebnissen wie in (4) führt. Die genauen Werte sind in Wolters & Lütkepohl (1997) angegeben.

Insgesamt legt die Analyse den Schluß nahe, daß eine stabile langfristige Geldnachfragefunktion auch für die Zeit nach der deutschen Wiedervereinigung existiert. Die hier gefundene Relation unterscheidet sich allerdings von den entsprechenden Schätzungen anderer Wissenschaftler. Insbesondere hat eine aktuelle, von einem an der Bundesbank tätigen Wissenschaftler veröffentlichte Geldnachfragefunktion eine andere Struktur (siehe Scharnagl (1996)). Im nächsten Abschnitt soll deshalb ein Vergleich mit dieser Funktion vorgenommen werden.

5 Vergleich mit der Spezifikation der Bundesbank

Eine neuere in der Bundesbank entwickelte Geldnachfragefunktion wurde in Scharnagl (1996) veröffentlicht. Der Schätzung liegt der Zeitraum 1975(I) – 1995(II) zugrunde. Schätzt man die Funktion für unsere Schätzperiode (1976(I) – 1994(II)) nach, so ergibt sich

$$\begin{aligned}\Delta m_t = {} & \underset{(2.9)}{0.78}\,\Delta bip_t - \underset{(2.4)}{0.47}\,\Delta p_t^{bip} - \underset{(0.26)}{0.10}\,\Delta R_t \\ & -0.22\,[m_{t-1} - 1.33 bip_{t-1} + 0.059\,R_{t-1}] \\ & \underset{(0.75)}{-0.28} - \underset{(3.4)}{0.10} d_{1t} - \underset{(3.6)}{0.034} d_{2t} - \underset{(4.4)}{0.046} d_{3t} + \underset{(2.4)}{0.025}\,S90.3_t + \hat{u}_t.\end{aligned} \tag{6}$$

Hierbei ist zu beachten, daß zum einen die funktionale Form, zum anderen aber auch einige der Variablen anders als in der Spezifikation (4) definiert sind. Insbesondere wird als Transaktionsvolumen hier das BIP benutzt und entsprechend das Preisniveau durch den BIP-Deflator (P^{bip}) repräsentiert. Dies wiederum bedeutet, daß streng genommen die reale Geldmenge nun auch durch Division der nominalen Größe durch P^{bip} errechnet werden müßte. Dies wurde zwar von der Bundesbank getan, aus Gründen der Vergleichbarkeit wurde jedoch in (6) die gleiche Variable m_t wie in (4) verwendet. Natürlich unterscheiden sich die beiden Preisindizes nicht sehr, so daß keine großen Verzerrungen durch diese Modifikation entstehen.

Als Opportunitätskostenvariable benutzt Scharnagl die Umlaufsrendite. Diese Variable ist im Gegensatz zu der Zinsdifferenz in Gleichung (4) nicht stationär. Deshalb steht sie im Fehler-Korrektur-Term und geht außerdem in Differenzenform in die Kurzfristdynamik ein. Die Tatsache, daß in (6) nur die Inflationsrate und nicht wie bei uns die Änderung der Inflationsrate auftritt, kann als zusätzliche Restriktion auf das Modell (6) interpretiert werden, da $\Delta p_t = \Delta^2 p_t + \Delta p_{t-1}$ gilt. Mit anderen Worten, in unserer Spezifikation (4) müßten die Koeffizienten von $\Delta^2 p_t$ und Δp_{t-1} gleich sein, um die beiden Variablen durch Δp_t ersetzen zu können. Diese Restriktion wird allerdings durch unsere Ergebnisse nicht nahegelegt. Es sei ferner angemerkt, daß möglicherweise statt der in (6) verwendeten Dummy-Variable $S90.3_t$ von Scharnagl die Impulsdummy $I90.3_t$ benutzt wurde. Ein wesentlicher Unterschied zwischen den Gleichungen (4) und (6) besteht auch in der implizierten Langfristbeziehung. Insbesondere ergibt sich die folgende Gleichgewichtsrelation aus (6):

$$m = 1.33bip - 0.059R + \eta S90.3. \qquad (7)$$

Im Unterschied zu (5) ist hier die Einkommenselastizität mit 1.33 deutlich größer als 1. Unterstellt man also (7) als Grundrelation, so würde eine Ausweitung der wirtschaftlichen Aktivitäten zu einer überproportionalen Vergrößerung der Geldnachfrage führen. Dies wird von der Bundesbank tatsächlich bei der Festlegung des Zielkorridors für das Geldmengenwachstum unterstellt (siehe Issing (1995)).

Eine genauere Analyse der Spezifikation (6) ergibt allerdings, daß sie den strengen Stabilitätskriterien, die für (4) angelegt wurden, nicht standhält. Dennoch erscheint es interessant, die beiden Modelle (4) und (6) gegeneinander zu testen. Hierzu wendet man in der Literatur gern sogenannte "Encompassing Tests" an, wobei mit einem *F*-Test überprüft wird, ob diejenigen Regressoren aus (4), die in (6) nicht vorhanden sind, in (6) einen zusätzlichen Erklärungsbeitrag liefern und vice versa. Diese Tests sprechen klar dafür, daß die Regressoren aus (6) in (4) keinen zusätzlichen Erklärungswert haben, während umgekehrt die aus (4) in (6) sehr wohl einen Erklärungsbeitrag liefern. Auch dieses Ergebnis deutet auf eine Überlegenheit des Modells (4) hin.

6 Schlußfolgerung

Die hier vorgestellten Ergebnisse zeigen, daß aus empirischer Sicht einiges für die für eine Geldmengensteuerung erforderliche Stabilität der langfristigen Geldnachfragefunktion auch über die deutsche Wiedervereinigung hinweg spricht. Zwar hat es mit der Wiedervereinigung gewisse Änderungen in den kurzfristigen Anpassungsprozessen an die Gleichgewichtsrelation gegeben. Berücksichtigt man diese jedoch angemessen, so ergibt sich eine stabile Beziehung für den hier analysierten Zeitraum von 1976(I) bis 1994(II). In dieser Hinsicht besteht also für die Deutsche Bundesbank keine Veranlassung, ihre Politik der Geldmengensteuerung zu ändern. Die hier gefundene Geldnachfragefunktion unterscheidet sich allerdings von anderen in der Literatur diskutierten Schätzungen. Die Bundesbank sollte deshalb überdenken, an welcher Relation sie sich künftig orientiert.

Literatur

Deutsche Bundesbank (1995), Geldnachfrage und Währungssubstitution in Europa, *Monatsbericht Januar 1995*, 33–49.

GRANGER, C.W.J. & T. TERÄSVIRTA (1993), *Modelling Nonlinear Economic Relationships*, Oxford University Press, Oxford.

HANSEN, G. & J.R. KIM (1995), The Stability of German Money Demand. Tests of the Cointegration Relation, *Weltwirtschaftliches Archiv*, 131, 286–301.

HUBRICH, K. (1996), System Estimation of the German Money Demand – A Long-run Analysis, Discussion Paper, Sonderforschungsbereich 373, Humboldt Universität zu Berlin.

ISSING, O. (1992), Theoretische und empirische Grundlagen der Geldmengenpolitik der Deutschen Bundesbank, *HWWA Wirtschaftsdienst* 1992/X, 537–548.

ISSING, O. (1995), Die Geldmengenstrategie der Deutschen Bundesbank, in: J. Siebke & H. J. Thieme (Hrsg.), Geldpolitik. Zwanzig Jahre Geldmengensteuerung in Deutschland, Nomos Verlagsgesellschaft Baden-Baden, 9–34.

ISSING, O. & K.-H. TÖDTER (1995), Geldmenge und Preise im vereinten Deutschland, in D. Duwendag (Hrsg.), *Neuere Entwicklungen in der Geldtheorie und Währungspolitik*, Duncker & Humblot, Berlin 97–123.

KOLE, L.S. & E.E. MEADE (1995), German Monetary Targeting: A Retrospective View, *Federal Reserve Bulletin*, 917–931.

SCHARNAGL, M. (1996), Geldmengenaggregate unter besonderer Berücksichtigung struktureller Veränderungen an den Finanzmärkten, Diskussionspapier 2/96, Volkswirtschaftliche Forschungsgruppe der Deutschen Bundesbank.

WOLTERS, J. & H. LÜTKEPOHL (1997), Die Geldnachfrage für M3: Neue Ergebnisse für das vereinigte Deutschland, *ifo-Studien*, 43, 35–54.

WOLTERS, J., T. TERÄSVIRTA & H. LÜTKEPOHL (1998), Modeling the Demand for M3 in the Unified Germany, *Review of Economics and Statistics*, 80, 399–409.

Veröffentlichungen der Nordrhein-Westfälischen Akademie der Wissenschaften

Neuerscheinungen 1991 bis 1998

412	*Alfred Fettweis, Bochum*	Numerische Integration partieller Differentialgleichungen mit Hilfe diskreter passiver dynamischer Systeme
413	*Ernst Bayer, Tübingen*	Theorie und Praxis der Niedertemperaturkonvertierung zur Rezyklisierung von Abfällen
	Hansjörg Sinn, Hamburg	Wertstoff- und Energie-Rückgewinnung aus hochkalorigen Abfallstoffen wie Altreifen und Kunststoff-Schrott
414	*Wolfgang Priester, Bonn*	Über den Ursprung des Universums: Das Problem der Singularität
415	*Wilhelm Stoffel, Köln*	Serendipity: Eine neue Glutamat-Neurotransmitter-Transporter-Familie und ihre pathogenetische Bedeutung
416	*Dieter Richter, Jülich*	Viskoelastizität und mikroskopische Bewegung in dichten Polymersystemen
417	*Hans Mohr, Freiburg*	Waldschäden in Mitteleuropa – was steckt dahinter?
418	*Matthias Mertmann, Bochum*	Greifmechanismus aus neuen Verbundwerkstoffen mit Zweiweg-Formgedächtnis
	Wolfgang Gärtner, Mülheim a. d. Ruhr	Die Funktion biologischer photosensorischer Pigmente
419	*Fritz Vögtle, Bonn*	Neue Catenane und Rotaxane in der Supramolekularen Chemie
	Andreas Stork, Jülich	Windkanalanlage zur Bestimmung der gasförmigen Verluste von Umweltchemikalien aus dem System Boden/Pflanze unter feldnahen Bedingungen
	Heinrich Ostendarp, Aachen	Entwicklung neuer Bildaufzeichnungs- und Auswertungstechniken für die holografische Interferometrie
420	*Martin Jansen, Bonn*	Wege zu Festkörpern jenseits der thermodynamischen Stabilität
421	*Hans-Werner Sinn, München*	Volkswirtschaftliche Probleme der Deutschen Vereinigung
422	*Konrad Sandhoff, Bonn*	Glykolipide der Zelloberfläche und die Pathobiochemie der Zelle
423	*Hanns Weiss, Düsseldorf*	Die mitochondrialen Atmungsketten-Komplexe: Funktion und Fehlfunkion bei neurodegenerativen Erkrankungen
424	*Klaus Hahlbrock, Köln*	Krankheitsresistenz bei Pflanzen. Von der Grundlagenforschung zu modernen Züchtungsmethoden
425	*Wolfgang Krätschmer, Heidelberg*	Fullerene und Fullerite – neue Formen des Kohlenstoffs
	Manfred Thumm, Karlsruhe	Gyrotrons – Moderne Quellen für Millimeterwellen höchster Leistung
426	*Hans Elsässer, Heidelberg*	Neue Wege und Ziele astronomischer Forschung
427	*Manfred T. Reetz, Mülheim an der Ruhr*	Größenselektive Synthese von Nanostrukturierten Metall-Clustern
	Heinz Mehlhorn, Düsseldorf	Parasiten: Ihre Bedeutung heute
428	*Günter Spur, Berlin*	Innovation, Arbeit und Umwelt – Leitbilder künftiger industrieller Produktion
	Rainer Jaenicke, Regensburg	Strukturbildung und Stabilität von Eiweißmolekülen
429	*Ulrich Dilthey, Aachen*	Technischer Einsatz von Personal Computern (PC) am Beispiel der Schweißtechnik
	Helmuth Steinmetz, Düsseldorf	Zerebrale Links-Rechts-Asymmetrie: Struktur, Funktion, Entstehung
	Alois Fürstner, Mülheim an der Ruhr	Metallaktivierung am Beispiel Titan: Von den morphologischen Grundlagen zu Anwendungen in der Wirkstoffsynthese
430	*Hartwig Höcker, Aachen*	Implantatwerkstoffe – Versuche zur Erzielung von Biokompatibilität
	Rolf Chini, Bochum	Die Bildung von Planeten in zirkumstellaren Scheiben
431	*Dietrich Uebing, Stuttgart*	Sicherheitstechnik, Umweltschutz und Ressourcenschonung
	Wolfgang Mathis, Wuppertal	Die begrifflichen Grundlagen der Netzwerk- und Systemtheorie
432	*Jörg Baetge, Münster*	Empirische Methoden zur Früherkennung von Unternehmenskrisen
433	*Klaus Knizia, Herdecke*	Schöpferische Zerstörung = zerstörte Schöpfung? Die Industriegesellschaft und die Diskussion der Energiefrage
434	*Ekkehard Schulz, Duisburg*	Innovation bei der Stahltechnologie
	Peter Neumann, Düsseldorf	Das Entwicklungspotential von Stählen
435	*Carl Christian von Weizsäcker, Köln*	Wirtschaftliche Effizienz und gerechte Verteilung
	Hans-Jürgen Haubrich, Aachen	Aspekte zentraler und dezentraler Stromerzeugung im europäischen Verbundsystem
436	*Hans Müller, Jena*	Ein periodisches System für Metall-Cluster
437	*Urs Schweizer, Bonn*	Der dritte Hauptsatz der Wohlfahrtstheorie
	Helmut Lütkepohl, Bonn	Stabilität der Geldnachfrage in der Bundesrepublik Deutschland

ABHANDLUNGEN

Band Nr.		
72	*(Sammelband)*	Studien zur Ethnogenese
	Wilhelm E. Mühlmann	Ethnogonie und Ethnogonese
	Walther Heissig	Ethnische Gruppenbildung in Zentralasien im Licht mündlicher und schriftlicher Überlieferung
	Karl J. Narr	Kulturelle Vereinheitlichung und sprachliche Zersplitterung: Ein Beispiel aus dem Südwesten der Vereinigten Staaten
	Harald von Petrikovits	Fragen der Ethnogenese aus der Sicht der römischen Archäologie
	Jürgen Untermann	Ursprache und historische Realität. Der Beitrag der Indogermanistik zu Fragen der Ethnogenese
	Ernst Risch	Die Ausbildung des Griechischen im 2. Jahrtausend v. Chr.
	Werner Conze	Ethnogenese und Nationsbildung – Ostmitteleuropa als Beispiel
75	*Herbert Lepper, Aachen*	Die Einheit der Wissenschaften: Der gescheiterte Versuch der Gründung einer „Rheinisch-Westfälischen Akademie der Wissenschaften" in den Jahren 1907 bis 1910
77	*Elmar Edel, Bonn*	Die ägyptisch-hethitische Korrespondenz (2 Bände)
78	*(Sammelband)*	Studien zur Ethnogenese, Band 2
	Rüdiger Schott	Die Ethnogenese von Völkern in Afrika
	Siegfried Herrmann	Israels Frühgeschichte im Spannungsfeld neuer Hypothesen
	Jaroslav Šašel	Der Ostalpenbereich zwischen 550 und 650 n. Chr.
	András Róna-Tas	Ethnogenese und Staatsgründung. Die türkische Komponente bei der Ethnogenese des Ungartums
	Register zu den Bänden 1 (Abh 72) und 2 (Abh 78)	
80	*Friedrich Scholz, Münster*	Die Literaturen des Baltikums. Ihre Entstehung und Entwicklung
81	*Walter Mettmann, Münster (Hrsg.)*	Alfonso de Valladolid, *Ofrenda de Zelos* und *Libro de la Ley*
83	*Karin Metzler, Frank Simon, Bochum*	Ariana et Athanasiana. Studien zur Überlieferung und zu philologischen Problemen der Werke des Athanasius von Alexandrien.
84	*Siegfried Reiter/Rudolf Kassel, Köln*	Friedrich August Wolf. Ein Leben in Briefen. Ergänzungsband, I: Die Texte; II: Die Erläuterungen
85	*Walther Heissig, Bonn*	Heldenmärchen versus Heldenepos? Strukturelle Fragen zur Entwicklung altaischer Heldenmärchen
86	*Hans Rothe, Bonn*	*Die Schlucht.* Ivan Gontscharov und der „Realismuns" nach Turgenev und vor Dostojevski (1849–1869)
88	*Peter Zieme, Berlin*	Religion und Gesellschaft im Uigurischen Königreich von Qočo
89	*Karl H. Menges, Wien*	Drei Schamanengesänge der Ewenki-Tungusen Nord-Sibiriens
90	*Christel Butterweck, Halle*	Athanasius von Alexandrien: Bibliographie
91	*T. Čertorickaja, Moskau*	Vorläufiger Katalog Kirchenslavischer Homilien des beweglichen Jahreszyklus
92	*Walter Mettmann, Münster (Hrsg.)*	Alfonso de Valladolid, *Mostrador de Justicia*
93	*Werner H. Hauss, Münster* *Robert W. Wissler, Chicago* *Hans-Joachim Bauch, Münster (Eds.)*	Seventh Münster International Arteriosclerosis Symposium: New Pathogenic Aspects of Arteriosclerosis Emphasizing Transplantation Atheroarteritis
94	*Helga Giersiepen, Bonn* *Raymund Kottje, Bonn (Hrsg.)*	Inschriften bis 1300. Probleme und Aufgaben ihrer Erforschung
95	*Walther Heissig, Bonn (Hrsg.)*	Formen und Funktion mündlicher Tradition
96	*Karin Metzler, Berlin*	Welchen Bibeltext benutzte Athanasius im Exil?
97	*Rudolf Schieffer, München (Hrsg.)*	Schriftkultur und Reichsverwaltung unter den Karolingern
98/99	*Hans Rothe, Bonn* *E. M. Vereščagin, Moskau (Hrsg.)*	Gottesdienstmenäum für den Monat Dezember, Teil 1/Teil 2
100	*Oleg V. Tvorogov, Moskau (Hrsg.)*	Johannes Chrysostomos im altrussischen und südslavischen Schrifttum des 11.–16. Jahrhunderts – Katalog der Homilien
101	*Walter Mettmann, Münster (Hrsg.)*	Alfonso de Valladolid, *Těšuvot la-Měharef*
102	*Walther Heissig/Rüdiger Schott (Hrsg.)*	Die heutige Bedeutung oraler Traditionen
103	*Geng Shimin u. a. (Hrsg.)*	Eine buddhistische Apokalypse

Sonderreihe PAPYROLOGICA COLONIENSIA

Vol. VII	Kölner Papyri (P. Köln)
Bärbel Kramer und Robert Hübner (Bearb.), Köln	Band 1
Bärbel Kramer und Dieter Hagedorn (Bearb.), Köln	Band 2
Bärbel Kramer, Michael Erler, Dieter Hagedorn und Robert Hübner (Bearb.), Köln	Band 3
Bärbel Kramer, Cornelia Römer und Dieter Hagedorn (Bearb.), Köln	Band 4
Michael Gronewald, Bärbel Kramer, Klaus Maresch, Maryline Parca und Cornelia Römer (Bearb.)	Band 6
Michael Gronewald, Klaus Maresch (Bearb.), Köln	Band 7
Michael Gronewald, Klaus Maresch, Cornelia Römer (Bearb.), Köln	Band 8
Vol. XI:	Katalog der Bithynischen Münzen der Sammlung des Instituts für Altertumskunde der Universität zu Köln
Wolfram Weiser, Köln	Band 1: Nikaia. Mit einer Untersuchung der Prägesysteme und Gegenstempel
Thomas Corsten, Köln	Band 2: Könige, Commune Bithyniae, Städte (außer Nikaia)
Vol. XIV: *Ludwig Koenen, Ann Arbor Cornelia Römer (Bearb.), Köln*	Der Kölner Mani-Kodex. Über das Werden seines Leibes. Kritische Edition mit Übersetzung.
Vol. XV: *Jaakko Frösen, Helsinki/Athen Dieter Hagedorn, Heidelberg Klaus Maresch, Köln (Bearb.)*	Die verkohlten Papyri aus Bubastos (P. Bub.) Band 1, Band 2
Vol. XVI: *Robert W. Daniel, Köln Franco Maltomini, Pisa (Bearb.)*	Supplementum Magicum Band 1 und Band 2
Vol. XVII: *Reinhold Merkelbach, Maria Totti (Bearb.), Köln*	Abrasax. Ausgewählte Papyri religiösen und magischen Inhalts Band 1 und Band 2: Gebete Band 3: Zwei griechisch-ägyptische Weihezeremonien Band 4: Exorzismen und jüdisch/christlich beeinflußte Texte
Vol. XVIII: *Klaus Maresch, Köln Zola M. Packmann, Pietermaritzburg, Natal (eds.)*	Papyri from the Washington University Collection, St. Louis, Missouri
Vol. XIX: *Robert W. Daniel, Köln (ed.)*	Two Greek Papyri in the National Museum of Antiquities in Leiden
Vol. XX: *Erika Zwierlein-Diehl, Bonn (Bearb.)*	Magische Amulette und andere Gemmen des Instituts für Altertumskunde der Universität zu Köln
Vol. XXI: *Klaus Maresch, Köln*	Nomisma und Nomismatia. Beiträge zur Geldgeschichte Ägyptens im 6. Jahrhundert n. Chr.
Vol. XXII: *Roy Kotansky, Santa Monica, Calif.*	Greek Magical Amulets. The Inscribed Gold, Silver, Copper, and Bronze Lamellae. Part 1: Published Texts of Known Provenance
Vol. XXIII: *Wolfram Weiser, Köln*	Katalog ptolemäischer Bronzemünzen der Sammlung des Instituts für Altertumskunde der Universität zu Köln
Vol. XXIV: *Cornelia Eva Römer, Köln*	Manis frühe Missionsreisen nach der Kölner Manibiographie
Vol. XXV: *Klaus Maresch, Köln*	Bronze und Silber. Papyrologische Beiträge zur Geschichte der Währung im ptolemäischen und römischen Ägypten
Vol. XXVI: *William H. Willis, Duke University, Klaus Maresch, Köln (Bearb.)*	The archive of Ammon Scholasticus of Panopolis (P. Ammon) Vol. 1: The legacy of Harpocration

www.ingramcontent.com/pod-product-compliance
Ingram Content Group UK Ltd.
Pitfield, Milton Keynes, MK11 3LW, UK
UKHW051635031026
15588UKWH00007B/1147

* 9 7 8 3 5 3 1 0 8 4 3 7 4 *